7
LK 3487.

DESCRIPTION

DE LA

SAINTE-BAUME,

SUIVIE

D'UNE ÉPITRE

DÉDIÉE AUX RELIGIEUSES DE L'ÉTROITE OBSERVANCE DE CÎTEAUX, AU SUJET DE LA MORT DE DOM AUGUSTIN DE LESTRANGE, SUPÉRIEUR GÉNÉRAL DE TOUS LES MONASTÈRES DE LA TRAPPE.

MARSEILLE,

MARIUS OLIVE, IMPRIMEUR DE Mgr. L'ÉVÊQUE ET DU CLERGÉ,
SUR LE COURS, N. 4.

1828.

DESCRIPTION
DE
LA SAINTE-BAUME
EN PROVENCE.

On a donné vulgairement le nom de Sainte-Baume à une vaste et profonde grotte où l'on prétend que sainte Marie-Magdeleine a fait pénitence pendant l'espace de trente-trois ans. La Sainte-Baume est située au milieu d'un des plus célèbres et des plus beaux paysages du monde, dans le centre des distances triangulaires des villes d'Aix, Marseille et Toulon, à huit lieues au midi de la ville d'Aix, à huit lieues S. E. de Marseille et huit lieues pareillement N. O. de Toulon, à cinq de la ville du Beausset, trois de Cuges, quatre de Gémenos, quatre d'Auriol, cinq d'Aubagne, deux et demi de Saint-Zacharie, trois de Saint-Maximin, à une bonne lieue du village de Nans dix-huit de Draguignan, chef-lieu du département, à vingt-deux de Fréjus, ville épiscopale.

On est obligé pour parvenir à la Sainte-Baume de gravir sur une haute montagne dont la chaîne commence à ressortir du côté de Marseille, et dont l'extrémité opposée vient aboutir près de Saint-Maximin. Elle a douze lieues d'étendue; il existe vers le sommet de cette montagne une plaine qui peut avoir trois lieues de longueur sur une petite demi-lieue de largeur : le village bâti au pied de la montagne, porte le nom de Nans et la plaine, celui du plan d'Aups. C'est au milieu même de cette plaine, assez fertile en plusieurs endroits, que le révérendissime abbé dom Augustin de Lestrange, supérieur immédiat de tous les monastères de la Trappe, a fait construire un couvent de son ordre vers la fin du mois de juillet 1824. M. le marquis d'Albertas, pair de France, est le principal et le premier bienfaiteur de ce nouvel établissement, puisqu'il a daigné faire à cette maison des dons considérables, soit en biens-fonds, soit en bâtimens.

Le monastère de la Sainte-Baume a eu premièrement pour fondateur le père Jérôme, prêtre, et le frère Joseph, diacre, religieux de chœur du monastère d'Aiguebelle. L'un avait été prieur de cette maison, et l'autre père-maître du tiers-ordre. Ce dernier a été ordonné prêtre à Marseille au mois de septembre 1824, par Monseigneur de Mazenod, évêque de cette ville.

2° Les PP. Jean et Jean-Marie, religieux prêtres du monastère de Belle-Fontaine. Le premier avait été sous-prieur de cette maison, et le dernier cellerier; ils sont arrivés à la Sainte-Baume au mois d'octobre 1824, ils ont été nommés prieurs l'un et l'autre alternativement par le révérendissime abbé dom Augustin de Lestrange, supérieur général de tous les religieux et religieuses de la primitive observance de Cîteaux, suivant la règle de saint Benoît, sous la nouvelle réforme de la Val-Sainte.

3° Les derniers fondateurs, au nombre de neuf, sont aussi venus du monastère de Belle-Fontaine: six d'entr'eux sont prêtres, les trois autres ne sont pas dans les ordres sacrés, mais ils ont tous fait profession. Le

P. Paul, prêtre, qui était de ce nombre, est actuellement supérieur local de la maison religieuse de Notre-Dame-des-Lumières dans le département de Vaucluse, lequel monastère est destiné à l'instruction de la jeunesse, portant l'habit du tiers-ordre (1): le P. Bernard est aussi actuellement prieur d'Aiguebelle dans le Dauphiné.

Les religieux trappistes de la Sainte-Baume travaillent continuellement à l'agrandissement de leur monastère qu'ils ont bâti à un demi quart de lieue de la forêt de la Sainte-Baume. Cette forêt est magnifique par la grosseur et l'énorme quantité d'arbres d'un vert noirâtre, qui croissent à merveille sur la pente d'une large et haute colline.

On aperçoit en ces lieux solitaires plusieurs endroits où le soleil n'a jamais pénétré à cause de l'immense chevelure des arbres qui font le plus bel ornement de ces sites pittoresques; la plupart d'entr'eux s'élèvent avec

---

(1) Ils portent une tunique et un scapulaire noirs, et disent l'office de la sainte volonté de Dieu composé par M. l'abbé de Lestrange.

une certaine majesté à une hauteur prodigieuse : il semble, en regardant l'extrémité de leurs branches, qu'ils vont se perdre dans les nues; la vaste circonférence des branches correspond à proportion, à la hauteur des arbres; on distingue parmi eux les ifs qui tiennent le premier rang par leur beauté et leur rareté; on admire ensuite les hêtres et surtout les arbres fruitiers sauvages, tels que les fameux noyers qui portent naturellement du fruit sans la moindre culture; viennent ensuite les poiriers, pommiers, noisetiers, cérisiers, etc.; c'est sous des voûtes de verdure formées par les branches des chênes, des pins, des érables, des hous, des ifs qui peuplent la forêt; c'est par une montée assez douce que se dirige le chemin à parcourir par le voyageur dévot ou curieux. Ces arbres sont antiques et le mélange de leurs feuillages, dont les formes, les couleurs, les caractères varient singulièrement, présente, par l'harmonie des contrastes, un ensemble qu'on chercherait vainement ailleurs. Dans les vides que la nature ou la destruction ont laissés entre ces magnifiques tiges qui ressemblent assez à des colonnes couvertes de mousse, on voit d'énormes blocs de rochers détachés des parties supérieures par des orages; les plantes rampantes, les ronces, les capillaires, les scolopendres, les fougères qui s'en sont emparées semblent les orner de guirlandes et de festons. Sur un sol fécondé par les détritus des végétaux, croissent plusieurs plantes ou arbustes que les botanistes recherchent dans les montagnes alpines ou sous-alpines, tels que le sureau, l'hièble, le sceau de Salomon, l'osmonde, les orchis, les lis, les narcisses, la verge d'or, la grande thymelée, vrai gazon des officines, l'hémionite, la bétoine, la véronique, la scabieuse, la bella-donna, la petite livèche, la petite roquette, la mercuriale des montagnes, les globulaires, les anémones, les violettes, les cytises, l'émérus, etc.

Quelques claires-voies laissent apercecevoir, d'un côté, les reflets d'une roche blanchâtre; de l'autre, les montagnes de Sainte-Victoire, les chaînes qui y aboutissent, les vallées qui leur sont inférieures et plusieurs villes ou villages; on recueille en certains endroits de la forêt beaucoup de petites fraises sauvages, de grosses mûres et autres fruits d'un goût excellent. Des énormes pièces de rochers isolées ça et là au milieu des bois touffus flattent agréablement la vue par leurs diverses positions : elles sont veloutées de la mousse la plus lisse et la plus verdoyante.

On croit avec fondement que sainte Magdeleine protége cette contrée, en la garantissant de tout insecte vénimeux et de tout ce qui peut nuire à l'homme. Des savans naturalistes n'y ont jamais découvert, à la vérité, des scorpions; mais ils ont remarqué dans leurs observations, qu'il existe néanmoins dans la forêt quelques plantes de ciguë dont le suc est un poison mortel et très subtil, et quoique cette plante soit semblable à celle du persil, on n'a jamais ouï dire que personne en ait été la victime, tandis qu'on y trouve en compensation un très grand nombre d'autres plantes médicinales et très salutaires pour la conservation de la vie animale.

Les loups et les renards y sont assez communs. Les serpens, les crapauds, les lézards sont assez rares à la Sainte-Baume. On y trouve cependant la vipère commune, la couleuvre à collier *(coluber natrix,)* la grenouille commune *(rana sculenta,)* le lézard gris *(lacerta agilis;)* les araignées y sont assez communes et particulièrement la tarentule *(laycosa tarentula,* de Latreille,) la pionnière *(mygale jodiens,* Walck.) Les aigles planent majestueusement dans les airs.

Trois chemins aboutissent à la forêt de la Sainte-Baume, savoir : celui d'Auriol et de Gémenos au N. O. du côté d'Aix et Marseille ; celui du Saint-Pilon qui conduit à Cuges et au Beausset, prenant son origine à la grande route de Toulon au S., et celui de Saint-Maximin et de Nans du côté de l'orient. On remarque le long de ces différens chemins, des anciens oratoires bâtis de distance en distance, en l'honneur de sainte Magdeleine.

La forêt de la Sainte-Baume a cela de particulier, qu'il y règne pour ainsi dire un printemps continuel par l'aspect avantageux de diverses espèces d'arbres qui conservent leur verdure pendant les quatre saisons de l'année et par la douce température de l'air.

Le vent du nord qui, dans cette contrée, souffle avec une extrême violence en hiver, fait, à la vérité, un fracas épouvantable en agitant les branches par des secousses réitérées, mais il perd en même temps au milieu d'elles toute sa force et sa vigueur.

Les oiseaux perchés tour à tour sur des branches, font entendre leur doux ramage presque toute l'année, tels que le rossignol, le chardonneret, le coucou, la calendre, le merle, etc.

Il fait en été une chaleur excessive au plan d'Aups, où est situé le monastère, tandis qu'en hiver le froid est rigoureux et même très cuisant, principalement pendant les matinées, parce que le soleil paraît bien tard sur l'horison en cette saison, à cause de la hauteur des montagnes circonvoisines.

On aperçoit quelquefois de beaux écureuils qui traversent dans un moment une cinquantaine d'arbres en sautant avec agilité et en courant d'une branche à l'autre avec une extrême souplesse et beaucoup de rapidité.

La grotte se trouve dans l'enfoncement

d'un rocher d'une hauteur extraordinaire et perpendiculaire, située dans le centre même de la montagne du Saint-Pilon près de vingt toises au-dessus de la colline. On ne peut y parvenir qu'à force de détours par un petit sentier dont la partie supérieure est taillée dans le roc. Si ces détours n'existaient pas, nécessairement la montagne serait inaccessible à cause de la rapidité de sa pente. On trouve au bout du chemin une plate-forme assez spacieuse, en comparaison du sentier qui conduit obliquement en cet endroit élevé. On aperçoit tout d'un coup en arrivant un joli presbytère bâti d'une manière solide et dégagée à l'endroit même escarpé où existait autrefois l'ancien couvent des Dominicains que les injures du temps et l'impiété révolutionnaire ont entièrement détruit. Ces fameux travaux, cette utile restauration de la Sainte-Baume ont été commencés sous l'administration de M. Chevalier, préfet du département du Var, achevés sous celle de M. Dadoric, préfet, son digne successeur, et mis en œuvre sous la direction du sieur Lantoin, architecte de ce département.

La commune de Nans a donné 4000 fr. pour la restauration de la Sainte-Baume, sous l'administration de M. Ravès, maire de cette commune.

Le Roi Louis xviii et son successeur Charles x son auguste frère, ont permis de rétablir le presbytère qui, en son genre, est un chef-d'œuvre de maçonnerie, et M. le préfet en a fait dépositaires les religieux de la Trappe; ils en sont par conséquent les gardiens jusqu'à nouvel ordre. Ils viennent de recueillir les pierres du vieux couvent, par le moyen desquelles ils ont construit des murs de séparation pour les jardins qu'ils ont nouvellement formés sur cette hauteur escarpée, en face de laquelle le soleil ne domine qu'en été, et encore n'est-ce que depuis onze heures seulement jusqu'au soir à son coucher.

L'air qu'on respire en ces lieux est très salubre. Quelques élèves du tiers-ordre ainsi qu'un religieux-prêtre chargé de leur instruction, y ont passé l'hiver de 1826 et 1827 en bonne santé, quoique cette saison ait été des plus rigoureuses à la fin et au commencement de ces deux années. Ils y feront désormais leur résidence quand leur communauté sera plus nombreuse. La grotte est à côté de ce superbe édifice; il faut avant de s'y rendre, monter une quinzaine de marches au-dessus de la plate-forme, au bord de laquelle est situé le clocher de la Sainte-Baume, qui est plus bas que son église et peut-être le plus haut qui soit en France, à raison de sa situation. Aussi n'a-t-on pas manqué de faire une énigme, sur ce sujet, assez difficile à deviner et même presque impossible à ceux qui n'ont jamais visité ces saints lieux.

Le gouvernement a gratifié les religieux de l'usufruit de la forêt, qui consiste en pâturages, bois morts, feuilles, etc.

On a donné à la grotte le nom d'*antre pleureur*, parce que l'eau qui est contenue en différentes concavités y distille perpétuellement goutte à goutte à travers les rochers qui forment naturellement son immense voûte. On prétend, d'après la tradition et sur le témoignage d'un grand nombre de personnes remarquables par leur naissance et recommandables par leur science et leur piété, que cette grotte a été sanctifiée par les larmes de la pieuse Magdeleine, protectrice de la Provence.

Ce n'est que depuis le schisme des Grecs que ces peuples, jaloux de voir que l'Eglise latine possède les précieuses reliques de sainte Magdeleine, se sont avisés de dire que saint Lazare, sainte Marthe et sainte Magdeleine étaient morts à Ephèse. C'est avec raison que la Provence se glorifie de posséder ce riche dépôt, ce trésor inestimable, fondée sur une tradition vénérable par son antiquité, authentique par des anciens manuscrits du sixième siècle qui se gardent dans les archives des églises de Toulon et de Sénès; par le témoignage de Sigebert, moine de Gemblours; d'Honorius d'Autun, de Gervais de Tilibery et de plusieurs autres anciens auteurs; mais singulièrement par l'autorité de plusieurs grands Papes : Benoît x, Jean xii, Grégoire xi, Clément vii, Eugène iv, Sixte iv, Adrien vi, Urbain viii, qui, par leurs bulles, ont rendu comme certaine une tradition si constante.

Le premier objet qui se présente à la

vue, en entrant dans cet antre humide et ténébreux, est une chapelle dont l'autel et la façade sont en marbre ; on y offre souvent le saint sacrifice de la messe : elle est située au fond de la grotte au côté gauche ; on descend, à l'opposite, deux rangs de degrés diamétralement opposés. Un peu avant d'être parvenu jusqu'au fond, on aperçoit dans l'obscurité, à la clarté d'un faux-jour qui pénètre à travers une haute crevasse antérieure, on aperçoit, dis-je, un antique monument qui représente le sépulcre de Notre-Seigneur, au piédestal duquel est la représentation de saint Maximin, évêque, donnant la communion à sainte Magdeleine.

On a érigé un autre autel en l'honneur de la sainte Vierge, dont la statue est très bien sculptée, dans le plus profond endroit de la caverne souterraine entre la chapelle et le Saint-Sépulcre, afin que les prêtres puissent exercer les fonctions de leur ministère avec plus de facilité, les jours où une multitude de fidèles de tout sexe et de toute condition va visiter ces saints lieux.

Derrière la chapelle, enrichie de diverses pièces d'architecture en marbre, d'une jolie bigarrure, représentant des anges qui tiennent des palmes, des guirlandes et des couronnes de laurier dans leurs mains, se trouve la statue de sainte Magdeleine à demi prosternée sur une éminence d'un rocher calcaire, tenant une croix de bois et une tête de mort en marbre devant elle; personne ne peut la toucher, parce qu'elle est environnée d'une balustrade dont la porte se ferme à clé : on permet cependant quelquefois d'y entrer, à ceux qui paraissent témoigner avoir un grand desir de baiser respectueusement ses pieds ou la frange de sa robe.

On trouve derrière cette espèce de cellule une fontaine intarissable dont l'eau est fraîche et limpide. C'est à cette source même que l'on croit que la sainte trouvait son unique boisson; elle ne vivait, dit-on, que de racines ou de quelques fruits sauvages qu'elle recueillait auprès de sa grotte. L'eau de cette source est très salutaire; elle produit même des effets surprenans et miraculeux. On n'emploie que celle-là pour le saint sacrifice.

La seconde fête de la Pentecôte, le 22 juillet, jour de la fête de sainte Magdeleine, et le 14 septembre qui est le jour de l'Exaltation de la Croix, on voit venir à la Sainte-Baume, avant l'aurore, une grande affluence de monde formant en partie des processions composées de différentes personnes qui chantent des messes en musique, des cantiques, des litanies en l'honneur de leur sainte patronne.

L'enceinte de la grotte peut contenir environ 2000 âmes. En descendant au-dessous de la plate-forme on suit un petit sentier tortueux, émaillé de fleurs, très élevé, et sur les bords d'un grand nombre de précipices dont l'aspect n'est pas trop effrayant; ce sentier conduit directement à un ancien ermitage dont on ne voit plus aujourd'hui que les décombres entassés auprès d'un superbe lit de gazon; on va de là à la grotte aux *œufs*, ainsi appelée à cause de sa structure; cette grotte est bien haute, très étroite et très profonde; ceux qui veulent prendre la peine d'y descendre jusqu'au fond aperçoivent, à la lueur d'un flambeau, diverses curiosités de la nature; il s'en trouve même une troisième dans un autre endroit où l'on voit des cristallisations dans quelques sinuosités des rochers.

Le révérendissime abbé dom Augustin de Lestrange a établi, l'an 1825, le Chemin de la Croix en 33 stations, ouvrage pathétique avec des prières touchantes dont il est lui-même l'auteur.

Le Chemin de la Croix commence au bas de la quatrième descente de la Sainte-Baume et se termine au Saint-Pilon (1). On a donné le nom de *Saint-Pilon* à une antique chapelle bâtie au sommet de la montagne, au centre de laquelle, mais beaucoup plus bas, existe la grotte célèbre dont on a déjà fait mention. C'est à l'emplacement de cette chapelle même que l'on croit, par la tradition, que les anges élevaient la sainte en la transportant de la grotte au Saint-Pilon, où elle se livrait amoureusement à la contemplation des

---

(1) Il serait fort à souhaiter, pour la gloire de Dieu, que les fidèles contribuassent, selon leur générosité, à la restauration de cette chapelle.

grandeurs de Dieu, et ce céleste commerce avait lieu sept fois le jour. On aperçoit du Saint-Pilon une vaste étendue de pays ainsi que la mer méditerranée.

Le Chemin de la Croix représente assez bien celui du Calvaire près de Jérusalem. N. S. P. le Pape a daigné y appliquer les mêmes indulgences. C'est particulièrement la situation du *Via Crucis* qui leur donne, entre l'un et l'autre, cette ressemblance. Il y a 33 croix qui ont chacune 9 pieds de hauteur sur 6 de large peintes d'un vernis couleur de bois d'acajou, et plantées de distance en distance dans le roc. Il faut au moins deux heures pour faire complètement les stations. Avant chaque station, on chante un couplet du cantique sur la passion de Notre-Seigneur: *Au sang qu'un Dieu va répandre*, etc. Ce cantique est beaucoup plus long qu'il ne l'était en premier lieu ; car on y a ajouté tous les couplets qu'il fallait pour completter le nombre des 33 stations. On chante aussi, à chaque station, une strophe de l'hymne *Vexilla Regis prodeunt;* on a le temps de répéter cinq fois cette hymne avant qu'on ait fait la dernière station. L'adoration de la croix, dans la chapelle du Saint-Pilon, termine cette touchante cérémonie; c'est ordinairement le supérieur du tiers-ordre qui est chargé de la faire, parce que c'est lui-même qui est aumônier et gardien de la Sainte-Baume. Les enfans du tiers-ordre, revêtus d'aubes blanches comme la neige avec de belles ceintures en soie de diverses couleurs, marchent à la tête. L'un d'entr'eux porte avec modestie l'instrument du salut.

Saint-Maximin, petite ville de Provence, se glorifie de posséder l'une des plus grandes églises de France, laquelle a la prérogative de renfermer dans une chapelle souterraine les précieuses reliques de sainte Marie-Magdeleine; savoir : 1° son chef dans une châsse d'or, 2° un de ses bras pareillement enchâssé, 3° le *noli me tangere* (c'est ainsi qu'on appelle ce morceau de chair de la sainte où Notre-Seigneur porta ses doigts après sa résurrection, en lui disant avec sa bonté ordinaire : *Ne me touchez pas*), 4° la majeure partie de ses cheveux intacts, 5° de petites pierres empreintes du précieux sang de Jésus-Christ qu'elle eut soin de ramasser auprès de sa croix. Le jour de la fête de sainte Marie-Magdeleine on porte processionellement son chef et l'un de ses bras enchâssés. On a coutume de transférer la fête au premier dimanche prochain, à moins qu'elle ne tombe ce jour-là; dans ce cas on la solennise avec beaucoup plus de zèle et d'ardeur.

La plupart des étrangers qui vont visiter la Sainte-Baume ne manquent pas ordinairement de passer par Saint-Maximin, pour honorer et vénérer les saintes reliques de la glorieuse et puissante protectrice de la Provence.

ÉPITRE

Dédiée aux Religieuses de l'étroite observance de Citeaux à Lyon, au sujet de la mort du Révérendissime abbé dom Augustin de Lestrange, supérieur immédiat de tous les monastères de la Trappe.

JUSTE CIEL! quel bonheur, après deux ans d'absence
Rome, à la fin, sensible aux soupirs de la France,
Daigne nous redonner cet homme précieux, (1)
Pour essuyer les pleurs qui coulent de nos yeux.
Serviteur du Très Haut, ministre plein de zèle,
Des prêtres du Seigneur le plus parfait modèle.
AUGUSTIN DE LESTRANGE! Oh! que ce nom est doux
A ceux qui, comme toi, de l'enfer en courroux,
Osant braver encor la fureur meurtrière,
Suivent de l'Homme-Dieu la pénible carrière!
Mais, hélas! profondeur des secrets éternels,
Celui qui du Très Haut releva les autels,
Lestrange, de Rancé la plus vivante image,
A ses enfans à peine a rendu le courage;
Et déjà sur sa tombe, ô mortelle douleur!
Nous avons à pleurer ce saint réformateur.
O vous, rochers affreux, déserts de la Provence!
Regrettez à jamais le sauveur de l'enfance.
O baume! ô sainte grotte! ô bienheureux séjour!
Auriez-vous quelqu'espoir de le revoir un jour?
Quand reparaîtra-t-il l'ami de la jeunesse,
Pour prodiguer ses soins, son zèle et sa tendresse
A l'espoir renaissant du troupeau du Seigneur
Qu'en tout temps, Augustin, bienfaisant, protecteur,
Lui-même défendit de la dent meurtrière?
Cessa-t-il un instant de se montrer le père (2)
Du timide orphelin dont il soutint les jours?
Pour vous, antre pleureur, continuez toujours (3)
De distiller, du haut de votre immense voûte,
L'eau de vos cavités qui filtre goutte à goutte.
Pour pleurer avec moi, cet aimable pasteur,
Ce vrai héros chrétien, cet homme dont le cœur

Brûlait incessamment de cette vive flamme
Que le divin amour allumait dans son âme.
Augustin, ô mon père! oui, ton illustre nom
Vivra dans l'avenir en dépit du démon :
Tes disciples constans exalteront ta gloire;
Ils ne pourront jamais oublier ta mémoire.
O filles de la Trappe! épouses de Jésus,
C'en est fait d'Augustin, vous ne le verrez plus;
Vous ne l'entendrez plus chanter d'une voix forte
Les grandeurs de son Dieu dont l'amour vous transporte;
Vous ne le verrez plus monter au saint autel
Offrir le sacrifice au Monarque immortel;
Vous ne jouirez plus de sa noble présence; (4)
Vous n'admirerez plus sa touchante éloquence....
Couvrez d'un voile noir son siége abbatial :
Vous ne baiserez plus son anneau pastoral
Avant de recevoir à la divine table,
Sous un pain qui n'est plus, le Sauveur adorable.
Ce bonheur renaîtra, mais par une autre main :
Il ne descendra plus à la voix d'Augustin!
O que votre maison doit être vénérée
De posséder en paix sa dépouille sacrée!
Ah! si je n'avais pas maint obstacle à braver;
Ah! s'il m'était permis.... j'irais vous l'enlever.
Je ne puis me résoudre à ce grand sacrifice;
Il faut par mes desirs que je vous le ravisse,
Que je l'orne avec goût de verdure et de fleurs
Au milieu des cyprès et des saules pleureurs.
Que les monts d'alentour et les collines sombres
Révèrent son tombeau, le couvrent de leurs ombres,
Daignent le garantir des injures du temps,
Qui ne respecte point les sacrés monumens.
Il y reposera jusqu'au jour redoutable
Où tout homme entendra sa sentence équitable.

Fuis loin d'ici, serpent, exécrable animal;
Que le gazon croissant autour du piédestal
Ne présente jamais de retraite, d'asile
A ta maudite race, ainsi qu'à tout reptile.
Quand je verrai dans l'air, comme un nuage épais,
Des oiseaux fugitifs traversant nos forêts,
Se réunissant tous en bonne république,

Se hâtant de gagner les bords de l'Amérique,
Il me ressouviendra que jadis Augustin,
Pour sauver ses enfans, leur fraya le chemin,
Conserva leur état sous un ciel plus propice,
Dans le Val de Fribourg dont s'honore la Suisse.
Viens, active fourmi, toi, par qui Salomon
A l'homme paresseux fit jadis la leçon;
Quand le ciel tout en feu lancera son tonnerre,
Timides animaux qui vivez sur la terre,
Voulez-vous vous soustraire au céleste courroux?
Ecureuils et lapins, accourez, hâtez-vous;
Vous qui peuplez les airs, vous, serins, allouettes,
Jolis chardonnerets, et vous tristes chouettes,
Calandres, vifs pinçons, merles, beaux canaris,
Et vous, pauvres bergers, emmenez vos brebis;
Accourez, venez donc dans mon heureux bocage,
Et nous verrons bientôt disparaître l'orage.
Mais à votre retour n'ayez d'autre soutien
Que le Dieu tout-puissant, seul auteur de tout bien.
Quand la poule ouvrira ses deux puissantes ailes
Pour montrer son amour à ses poussins fidèles,
Vois, dira-t-elle alors, ce que fit Augustin
Lorsque de ses enfans, il fixa le destin.
Le vol rapide et doux de l'agile hirondelle
Me peint au même instant tout le feu de son zéle.
Que l'oiseau de la nuit perché sur des rameaux
Vienne imposer silence à cent autres plus beaux
Qui voudraient, hors le temps, étaler leur plumage
En l'honneur d'Augustin, et par leur doux ramage
Enchanter tous les cœurs, anéantir le deuil
Qui convient à son noble et lugubre cercueil.
C'est ainsi, me dira, coulant dans la prairie,
Le ruisseau fugitif, que les jours de ta vie
Coulent sans s'arrêter, et successivement
Le temps fuit, la mort vient, l'éternité t'attend:
Tout passe en un moment. L'homme pétri de terre
A la fragilité comme l'éclat du verre.
Amour, honneur, louange à l'esprit créateur;
Que tout être s'abaisse auprès de sa grandeur.
Dieu seul est infini, tout-puissant, adorable,
Souverainement bon, lui seul est immuable;

Seul, avant tous les temps, il a toujours été :
Nul ne peut mettre obstacle à sa félicité.
Si tu veux de sa main recevoir la couronne,
Considère Augustin.... C'est ainsi que raisonne,
Ainsi parle à mon cœur l'agréable ruisseau
Tout en suivant le cours où l'entraîne son eau.
Que l'astre bienfaisant, parcourant sa carrière,
Refuse d'accorder un rayon de lumière
A celui qui voudrait, d'une profane main,
Entr'ouvrir le tombeau du nouvel Augustin,
Sous le prétexte vain que de telles reliques,
Brillantes de diamans, seraient plus authentiques,
Plus dignes de croyance aux siècles à venir,
Et malgré moi, hélas ! voudrait le retenir.
Que mon œil circonspect et ma langue muette
N'aille point découvrir à la foule indiscrète
Le lieu qui contiendra cet immense trésor,
Beaucoup plus précieux que les rubis et l'or.
Les perles, les saphirs n'entrent point en partage ;
Tout cède, rien ne vaut le prix d'un homme sage.
Que la lune argentine éclairant ce réduit
Vienne guider mes pas au milieu de la nuit,
Quand oppressé du poids de quelque inquiétude
Je viendrai dans le sein de cette solitude
Méditer en secret les jugemens du Dieu
Qui daigne m'inspirer de visiter ce lieu.
Agneau, ne bondis plus au loin dans la verdure ;
Plaintive tourterelle, accrois le doux murmure
Des feuilles de genièvre et des ifs toujours verts
Que le tyran du Nord balance dans les airs ;
Que le chien vigilant, toujours en sentinelle,
Réprime la fureur de la bête cruelle.
Qui voudrait, ô grand Dieu, par un noir attentat,
Causer le moindre bruit, le plus petit dégât ?
Que la guêpe sauvage, au teint jaune ou verdâtre,
N'ose point affronter d'un air opiniâtre
L'industrieuse abeille accumulant son or ,
Suc odoriférant qui fait tout son trésor,
Doux trésor destiné pour le saint sacrifice !
Que l'insecte importun passe et s'anéantisse.
Rossignols, supprimez ce ton mélodieux,
Qu'un air plaintif succède aux sons harmonieux.

L'ornement des jardins, la superbe immortelle, (6)
Embellira long-temps sa maison temporelle;
La violette cachant son humble coloris
Me représentera son modeste souris;
Mon regard dirigé vers la douce pensée
Me fera souvenir de sa grandeur passée;
Dans la blancheur du lis éclos et ravissant
Il me semblera voir son cœur pur et brûlant;
Symbole de la paix, innocente colombe,
Viens chercher ton repos au-dessus de sa tombe,
Viens me représenter sa douce humanité,
La bonté de son cœur et sa simplicité,
Viens souvent becqueter le millet et la graine
Que produira pour toi ce verdoyant domaine.
Quand l'aigle planera majestueusement
En fixant le soleil d'un regard pénétrant,
Je suis roi, dira-t-il, ce suprême avantage
Convient à ma grandeur, j'ai la force en partage.
C'est ainsi qu'Augustin déploya sa valeur, (7)
Malgré tout l'appareil du Corse usurpateur:
Sa prudence, sa foi le firent invincible;
Aux traits de ce tyran il fut inaccessible.
Vous, papillons dorés, modérez votre ardeur,
Ne vous éloignez point de son saule pleureur.
La rose en son déclin, dans un profond silence,
M'offrira le tableau de la frêle existence
De tout le genre humain, qui, par l'arrêt du sort,
Doit payer, tôt ou tard, le tribut à la mort :
Personne ne saurait prolonger sa carrière!
Toi qui vis sur le trône et toi dans la misère,
Toi qui, comme Augustin, enrichi de vertus, (8)
Mérites d'augmenter le nombre des élus;
Et toi qu'avec justice abhorre la nature,
Superbe dédaigneux, indolent et parjure,
Tu subiras bientôt les rudes châtimens
Que l'Eternel prépare aux fourbes, aux méchans,
Aux hommes dépravés qui, méprisant la grâce,
N'auront pas d'Augustin suivi l'unique trace
Qui conduit sûrement au royaume des Cieux,
Vers qui ce prêtre saint levait souvent les yeux.
Toi qui vis loin de Dieu dans le sein des délices,

Pourras-tu supporter les éternels supplices?
Mais revenons, hélas! au sujet de nos vers,
Et dans quel endroit sûr en ce vaste univers
Pourrai-je me flatter d'une telle assurance
De te posséder seul? Est-il en ma puissance?
Je te placerai donc en un lieu souterrain,
A l'insçu des passans....Hélas! c'est bien en vain
Que j'ose entretenir au-dedans de moi-même
D'inutiles désirs dont l'ardeur est extrême,
Car telle est l'injustice et tel le châtiment.
Laissons là ce projet....Que ce commandement:
« Ne vous emparez pas des trésors de l'Eglise, » (9)
Me fasse désister d'une telle entreprise.
Ah! priez le Sauveur que je le voie un jour
Dans la sainte cité, la bienheureuse cour
Où nous chanterons tous les divines louanges
De concert à jamais avec le chœur des anges,
Bénissant à l'envi le souverain Seigneur
Qui nous promet à tous le plus parfait bonheur.

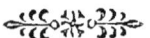

NOTES JUSTIFICATIVES.

(1) Après avoir plusieurs fois traversé la France, parcouru l'Amérique, les royaumes d'Espagne et d'Angleterre, la Suisse, l'empire Autrichien, la Pologne, la Prusse; après être parvenu jusqu'au fond de la Russie, et avoir fait deux fois le voyage de Rome pour soutenir les établissemens de son ordre, le révérendissime abbé de Lestrange est venu rendre sa belle âme à son Créateur dans un de ses monastères de religieuses à Lyon, à son retour de Rome.

Il est décédé d'une mort inopinée, le 16 juillet 1827, âgé de 74 ans et 3 mois. Il y a été embaumé le lendemain de son décès, et placé dans un cercueil au milieu de la balustrade de l'église conventuelle où les religieuses ont coutume de communier. Dom Augustin a eu le bonheur de paraître devant son Dieu enrichi de toutes sortes de vertus, comblé de mérites, mûr pour le Ciel, regretté de ses enfans et de tous les hommes de bien. Il fut le père des pauvres, l'asile et le soutien de l'orphelin. Les journaux ayant annoncé dans toutes les parties du royaume la mort de ce pieux personnage, n'ont pas manqué de spécifier qu'il avait laissé et qu'il laissera de longs regrets.

Colombier, ville du département de l'Ardèche, se glorifie d'avoir vu naître dom Augustin de Lestrange. Un prêtre religieux de son ordre, père-maître du tiers-ordre, s'étant trouvé dans la grotte de la Sainte-Baume le 22 juillet, jour où l'on y célébrait solennellement la fête de sainte Magdeleine, dans le moment même où il s'y attendait le moins, il apprend tout à coup la nouvelle de la mort du bon R. P. abbé de Lestrange; il se réfugie aussitôt dans un enfoncement obscur de cette grotte pour donner un libre cours à ses larmes. Après avoir déploré la perte, en quelque sorte irréparable, d'un tel supérieur, il s'est fait un devoir de composer cette Epitre pour tâcher d'honorer la mémoire d'un des plus grands hommes que la France ait jamais produits. Il se recommande instamment aux prières de tous ceux qui voudront bien prendre la peine de la lire : c'est de là qu'il attend la guérison de son âme.

(2) Serviteur du Très Haut, ministre plein de zèle.

M. l'abbé de Lestrange ayant entrepris une infinité de choses pour la plus grande gloire de Dieu et le salut du prochain, fut néanmoins en butte à la contradiction des hommes. Qu'on lise seulement une partie de sa vie dans l'*Histoire édifiante des religieux de la Trappe en Suisse*, dont il a été lui-même et le sujet et l'auteur, et l'on verra combien d'obstacles il eut à surmonter pour réussir dans ses glorieuses entreprises.

(3) Cessa-t-il un instant de se montrer le père
Du timide orphelin dont il soutint les jours?

On voit par là combien était grande la charité de M. l'abbé de Lestrange à l'égard du jeune âge. Est-il surprenant que le monastère de la Val-Sainte renfermât dans son sein près de 200 enfans? Quel zèle, quelle industrie, mais surtout quelle immense charité ne fallut-il pas qu'il eût pour subvenir à la nourriture et à l'entretien d'une si grande multitude d'enfans, la plupart orphelins et dépourvus de tout secours humain!

(4) Pour vous, antre pleureur, continuez toujours
De distiller, du haut de votre immense voûte,
L'eau de vos cavités qui filtre goutte à goutte.
Pour pleurer avec moi, cet aimable pasteur,
Ce vrai héros chrétien, cet homme dont le cœur ......

1° Quant à la *filtration*, c'est au *propre* qu'il est parlé, et non au *figuré*. 2° Quant à cette expression : *ce vrai héros chrétien*, Dieu ne s'est-il pas servi de lui comme d'un instrument pour opérer des merveilles, des prodiges de sa grâce toute-puissante? Dieu n'a-t-il pas dans les temps orageux de la révolution, conservé en France et partout ailleurs l'ordre de Cîteaux par l'entremise de Lestrange son serviteur? Ce bon et fidèle pasteur, ce prudent économe, ce profond directeur, ce gardien vigilant et éclairé, cet homme suscité de Dieu d'une manière extraordinaire et rempli de son esprit, ce digne ministre de Jésus-Christ, l'honneur du sacerdoce, n'a-t-il pas toujours eu un attrait tout particulier pour l'instruction de la jeunesse chrétienne? Quels soins, quelle constante application n'a-t-il pas toujours eu à l'égard des enfans qu'il avait la sainte patience d'élever lui-même ou de faire élever par d'autres dans presque tous les monastères de son ordre, et en faveur desquels il a institué des réglemens admirables! N'est-il pas souvent arrivé que des hérétiques, frappés de la modestie et de la piété de ces aimables enfans, ont abjuré leurs erreurs entre les mains du supérieur du monastère de la Val-Sainte en Suisse, et de celui d'Aiguebelle dans le Dauphiné, diocèse de Valence! Ne faudrait-il pas, à la vérité, avoir le cœur plus dur que l'acier pour résister davantage à la grâce en entendant chanter le *Salve* de la Trappe à ces pauvres enfans, et surtout, lorsqu'étant parvenus à la fin, ils élèvent leurs innocentes mains vers le Ciel, en posture de suppliant, pour apaiser la divine justice!

(5) Vous ne jouirez plus de sa noble présence;
Vous n'admirerez plus sa touchante éloquence....

M. l'abbé de Lestrange était d'une taille belle et avantageuse : il avait les cheveux très blancs, la bouche moyenne, le visage ovale, le teint clair et vermeil, et le port vénérable et majestueux. Il y a eu souvent beaucoup de personnes qui, ravies d'admiration de sa noble contenance, s'arrêtaient exprès au milieu des rues pour le voir passer et le considérer de près.

(6) L'ornement des jardins, la superbe immortelle,
Embellira long-temps sa maison temporelle,

c'est-à-dire son tombeau. Nous n'avons point ici-bas de demeure fixe et permanente : les maisons que nous habitons ne sont, à proprement parler, que de simples hôtelleries; nous ne sommes que des voyageurs en ce monde, des pauvres pèlerins; la terre n'est qu'un lieu d'exil, le Ciel est notre véritable patrie. Nous n'avons réellement d'autres maisons que les cimetières ou les lieux quelconques de notre sépulture qui doivent subsister jusqu'à la consommation des siècles.

(7) C'est ainsi qu'Augustin déploya sa valeur,
Malgré tout l'appareil du Corse usurpateur.

Buonaparte fit mettre sa tête à prix, parce que

lui ayant intimé des ordres iniques en matière de religion, il ne pût rien gagner sur son esprit ; car, n'ayant pas voulu souscrire à ses prétentions injustes, une somme considérable fut promise à celui qui le lui livrerait mort ou vif. Mais M. de Lestrange s'étant embarqué pour aller établir des monastères de son ordre dans les pays étrangers, échappa ainsi aux périls imminens qui l'environnaient de toutes parts, s'étant mis sous la protection de la divine Providence qui n'abandonne jamais ceux qui se confient en elle.

(8) Toi qui, comme Augustin, enrichi de vertus,
Mérites d'augmenter le nombre des élus. . . .

Beaucoup d'attention et de ferveur à l'office divin, un grand amour pour le silence et le travail, une modestie admirable, une douceur angélique, une humilité profonde, une patience invincible et une charité parfaite, telles étaient les principales vertus qui caractérisaient particulièrement le révérendissime abbé dom Augustin de Lestrange.

(9) « Ne vous emparez point des trésors de l'Eglise. »

M. l'abbé de Lestrange a laissé à la postérité un assez grand nombre d'ouvrages estimables par la solidité des maximes qu'ils renferment. On ne saurait trop apprécier son livre des *Instructions religieuses* : il serait à souhaiter que tous les religieux, tant profès que novices, eussent toujours cet excellent ouvrage entre leurs mains ; ils ne peuvent rien lire de plus conforme à leur état, excepté néanmoins la *Sainteté ou devoirs de la vie monastique*, par M. l'abbé de Rancé. Cet ouvrage est un chef-d'œuvre de littérature en son genre. M. l'abbé de Lestrange, qui a été le parfait imitateur de ce grand homme, avait principalement pour devise la sainte volonté de Dieu : il ne pouvait jamais se lasser d'écrire presque à chaque page les précieux avantages qu'on retire en accomplissant avec fidélité la sainte et adorable volonté de Dieu. Aussi n'a-t-il pas manqué de composer un office divin pour le tiers-ordre tiré de la Sainte Ecriture, ayant pour intitulation sa devise privilégiée : *la sainte volonté de Dieu.*

Les religieux de l'ordre de Cîteaux qui voudraient observer à la lettre et sans restriction la règle de saint Benoît, la mettre en pratique selon toute l'étendue de sa pureté et sa plus haute perfection, n'auraient qu'à suivre exactement la réforme de la Val-Sainte, au sujet de laquelle M. l'abbé de Lestrange a fait imprimer à Fribourg, ville de la Suisse, ses fameux réglemens en deux gros volumes in-4°. Si ces mêmes religieux voulaient ensuite bien faire leurs actions journalières, les accomplir dans un esprit vraiment intérieur et les rendre par là méritoires devant Dieu, ils n'auraient qu'à lire et méditer attentivement ses instructions religieuses dont il est parlé ci-dessus.

M. l'abbé de Lestrange a aussi composé et mis au jour plusieurs autres ouvrages de piété dont il serait trop long de faire ici le détail.

Q'on ne dise pas qu'il a institué des réglemens trop austères, et qu'il aurait mieux fait de s'en tenir à la réforme de M. l'abbé de Rancé; personne n'ignore cependant que ce saint prêtre n'a point fait tout ce qu'il aurait desiré pour la plus grande gloire de Dieu. Il n'en est pas moins louable d'avoir fait tout ce qu'il a pu, parce qu'il avait à faire avec des moines dont les mœurs n'étaient pas certainement conformes aux siennes; mais M. l'abbé de Lestrange, que la divine Providence avait établi père-maître des novices, qui, de concert avec les anciens religieux profès, voulurent renouveler l'étroite observance de leur état primitif, et pratiquer la règle de leur saint législateur de la même manière qu'elle était observée du temps de leurs prédécesseurs, je veux dire saints Albéric, Etienne, Robert, Bernard, et ils ont su profiter des circonstances critiques de la révolution pour établir une nouvelle et plus parfaite réforme que celle de M. l'abbé de Rancé. Dom Augustin, qui s'était toujours appliqué à inculquer les vrais principes de la vie monastique dans l'esprit de tous ceux qui avaient le bonheur de vivre sous sa direction, a su profiter de leurs excellentes dispositions en faisant fructifier de bonne heure cette précieuse semence que Dieu avait déjà abondamment jetée dans leur esprit et dans leur cœur. On voit bien ici que ce n'a pas été de lui-même qu'il a établi cette réforme, mais d'après le consentement unanime d'une nombreuse communauté, dont chaque membre n'a donné ses suffrages qu'après avoir imploré les lumières du Saint-Esprit avec toute la ferveur possible.

Je ne doute pas que quelques personnes peu instruites sur ce sujet osent avancer que la réforme de la Val-Sainte n'est seulement que tolérée. Quelle absurdité! faudrait-il, serait-il même nécessaire d'approuver une réforme qui a été de tout temps confirmée par les bulles des Souverains Pontifes? Serait-il convenable au vicaire de Jésus-Christ de réitérer cette approbation par une nouvelle bulle? Ne serait-ce pas vouloir faire outrage à la mémoire et au jugement de ses saints prédécesseurs? Il s'ensuivrait de là qu'une ordonnance deviendrait indispensable à chaque nouvelle élection au pontificat. Quelle inconséquence! Il suffit seulement que le Pape Pie VII ait loué cette réforme avec les termes les plus énergiques et qu'il ait approuvé les constitutions du tiers-ordre de dom Augustin par une bulle de 1804.

Si toutefois N. S. P. le Pape Léon XII voulait mitiger cette réforme, ne se proposant en tout et partout que le bien de la religion, il n'en sera pas moins vrai de dire que dom Augustin de Lestrange sera à jamais en bénédiction d'avoir ouvert la porte du Ciel à un très grand nombre d'âmes qui ont eu le précieux avantage de conserver leur innocence ou de réparer par la pénitence leurs iniquités passées, dans le sein de ses monastères qui se sont merveilleusement multipliés sous cette illustre et mémorable réforme de la Val-Sainte.

A. M. D. G.

www.ingramcontent.com/pod-product-compliance
Lightning Source LLC
Chambersburg PA
CBHW060500050426
42451CB00009B/738